누리 과정에서 쏙쏙

자연탐구 생활 속에서 탐구하기 – 물체의 특성과 변화를 여러 가지 방법으로 탐색한다.
　　　　　　　　　　　　　– 도구와 기계에 대해 관심을 가진다.

초등 과정에서 쏙쏙

통합 여름1　1. 여름이 왔어요 – 에너지를 아껴라
과학 4-2　3. 거울과 그림자 – 1. 빛

감수 및 추천 이명근 박사(미국 존스홉킨스 대학교 교수 역임, 현재 연세대학교 보건대학원 교수)
세계 곳곳의 재난지에 뛰어들어 어린이들은 물론 도움이 필요한 사람들을 구조하며 봉사의 삶을 사는 분입니다. 알아야 더 잘할 수 있다는 믿음으로 연세대학교 보건대학원에 '국제 재난 대응 전문가 과정'을 개설하여 많은 재난 구조 전문가를 양성하고 있습니다. 국제 NGO인 '머시코'(Mercy Corp.)와 UNDP(유엔경제개발계획)에서 활동하기도 했습니다. 지금은 재난 구호의 필요성을 알리고, 아시아와 아프리카의 개발을 위해 '코이카'(KOICA, 한국국제협력단)와 국제 개발 기관인 '글로벌 투게더' 등과 함께 봉사에 앞장서고 있습니다.

글 박성아
대학에서 문예창작학을 공부하고, 현재 '꿈꾸는 꼬리연'에서 어린이 책을 쓰고 있습니다.
지은 책으로는 〈홍대용〉, 〈슬기네 집은 어디에 있을까〉, 〈나는야 꾀꼬리 커커〉, 〈캥거루가 아니어도 좋아〉 등이 있습니다.

그림 국지승
서울예술대학에서 시각디자인을 공부했습니다.
현재 '8요일'의 회원이며 프리랜서 일러스트레이터로 활발한 활동을 하고 있습니다.
쓰고 그린 책으로는 〈있는 그대로가 좋아〉, 〈앗! 따끔!〉, 그린 책으로는 〈행복한 꼬마 요리사〉, 〈열 명의 꼬마 병정〉, 〈슈베르트와 겨울 나그네〉, 〈내 맘대로 할 거야〉 등이 있습니다.

생활과 물질 | 에너지
38. 에너지는 힘이 세요

글 박성아 | **그림** 국지승
펴낸곳 스마일 북스 | **펴낸이** 이행순 | **제작 상무** 장종남
대표 조주연 | **주소** 서울특별시 종로구 사직로8길 20, 103호
출판등록 제2013 - 000070호 **홈페이지** www.smilebooks.co.kr
전화번호 1588 - 3201 **팩스** (02)747 - 3108
기획·편집 조주연 김민정 김인숙 | **디자인** 김수정 정수하
사진 제공 및 대여 셔터스톡 연합뉴스 프리픽

이 책의 모든 글과 그림 등의 저작권은 스마일 북스에 있습니다.
본사의 허락 없이 이 책에 실린 내용의 일부 또는 전체를 어떤 형태로든지
변조하거나 무단 복제하는 것은 법으로 금지되어 있습니다.

⚠ 책을 집어던지면 다칠 수 있으니 조심하십시오. 잘못 만들어진 책은 바꾸어 드립니다.

에너지는 힘이 세요

글 박성아 | 그림 국지승

"어머, 큰일이네!"
거실에서 엄마가 갑자기 소리치셨어요.
"무슨 일이에요?"
방 안에 계시던 아빠가 거실로 나오셨어요.
게임을 하던 진우와 영우도 쪼르르 달려 나왔지요.

"후유, 이번 주 내내 낮에는 전기를 안 준대요.
전기가 모자란다고 하네요."
엄마가 한숨을 크게 쉬며 말씀하셨어요.
"엄마, 낮에는 환하니까, 전기가 필요 없잖아요."
영우는 아무렇지도 않게 말했어요.
"뭐라고? 그렇게 간단한 문제가 아니야."
형인 진우가 은근히 잘난 체를 했어요.

"그건 형 말이 맞아.
전기가 있어서 우리 생활이 편한 거야."
아빠가 말씀하셨어요.

"이번 기회에 모두 전기 좀 아껴 써요."
엄마가 화가 난 듯 말씀하셨어요.
"아니에요, 엄마. 우리가 얼마나 전기를 아끼고 있다고요!"
진우와 영우는 고개를 절레절레 저었어요.
아빠도 따라서 손사래를 치셨지요.

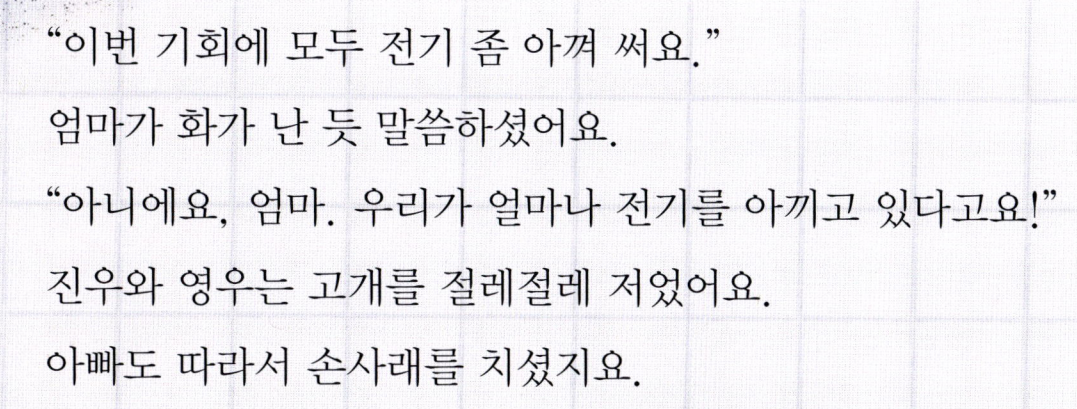

"좋아. 그럼 모두 이리 와 봐요."
엄마는 화장실을 가리키며 말씀하셨어요.
"화장실에 불을 켜 놓은 사람은 누구일까?"
"아차, 불을 끄고 나온다는 게 그만……."
아빠가 멋쩍게 웃으셨어요.

이번에는 진우의 방으로 갔어요.
"선풍기를 끄지 않은 사람은 누구일까?"
"죄송해요. 급히 나오는 바람에……."
진우가 머리를 긁적였어요.

"어? 어디선가 노랫소리가 들리는데?"
아빠가 소리치셨어요.
"음악 시디(CD)를 계속 틀어 놓은 사람은 누구일까?"
"지금 끌게요, 엄마."
영우는 얼굴이 빨개졌어요.

"그런데 이건 뭐지?"

아빠가 세탁기를 가리키셨어요.

"전기 꽂개를 뽑지 않고 계속 놔둔 사람은 누구일까?"

아빠와 진우, 영우가 합창하듯 말했어요.

"어머나, 내 정신 좀 봐."

엄마도 미안한 듯 입을 가리고 웃으셨어요.

"헤헤, 엄마도 소중한 **에너지**를 낭비했어요."

"그래. 엄마도 깜박 잊었구나!"

가족들은 하하 호호 웃었어요.

"그런데 전기는 어떻게 우리 집까지 오는 거예요?"

진우가 물었어요.

"이제부터 엄마, 아빠가 알려 줄게."

엄마, 영우, 진우, 아빠는 밖으로 나갔어요.
"저기, 커다란 탑이 보이지?"
엄마가 언덕 위에 있는 철탑을 가리키셨어요.
"우아, 탑이 정말 커요."
영우가 눈을 동그랗게 뜨며 말했어요.

"전기를 만드는 곳은 **발전소**야.

그리고 전기는 **전선**을 따라 가정이나 공장으로 보내지지.

길고 긴 전선을 받쳐 주는 것이 바로 저 **송전탑**이란다."

전선
전기가 흐르도록 만든 줄이에요.

송전탑
아주 힘센 전기가 흐르는 전선이 공중으로 지날 수 있도록 세운 철탑이에요.

태양광 발전소
태양에서 나오는 빛을 모아서 전기를 만들어요.

"발전소에서 전기를 만드는 방법은 여러 가지야.
물의 힘으로도 만들고,
석탄이나 **석유**를 태워서 만들기도 하지.
요즘에는 **태양광**을 이용하기도 한단다."
아빠가 차근차근 설명해 주셨어요.

"자, 눈을 감고 바람을 느껴 보렴.
이 **바람**으로도 전기를 만들 수 있어."
엄마가 팔을 벌리며 바람을 맞이했어요.
아빠도 진우도 영우도 눈을 감았어요.

풍력 발전기에는 두세 개의 길고 폭이 좁은 날개가 달려 있어요. 날개가 바람에 돌아가면서, 그 힘으로 전기를 만들어요.

집에 돌아와 아빠가 말씀하셨어요.
"사람들이 에너지를 많이 쓰면 쓸수록
에너지는 점점 줄어들게 돼.
그러면 에너지가 진짜 필요할 때 쓰지 못하게 된단다."
"아빠, 이제부터 전등 끄기는 제가 맡을게요."
"엄마, 이제부터 전기 꽂개 뽑는 일은 제가 맡을게요."
진우와 영우는 전기 탐험대가 되어
집 안 곳곳을 살피고 다닌답니다.

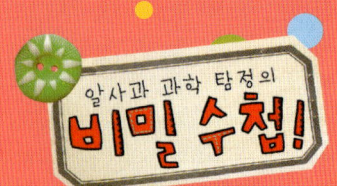

생활에 꼭 필요한 전기 에너지

전기는 전등을 밝혀 주고, 텔레비전을 보게 하고, 컴퓨터를 할 수 있게 하는 에너지예요. 전기가 없으면 우리 생활은 무척 불편하답니다.

전기가 우리 집으로 들어와요

전기는 발전소에서 만들어져요. 발전소는 전기를 일으킬 수 있는 시설을 해 놓은 곳이에요. 발전소에서 만들어진 전기는 여러 단계를 거쳐서 집까지 전달되어요.

발전소 → 변전소 → 전봇대 → 우리 집

발전소에서 만들어진 전기는 힘이 아주 세요. 그래서 변전소에 들러 힘을 약하게 만들거나 전기를 내보낼 곳으로 나누지요. 그다음 전봇대에 있는 장치를 통해서 한 번 더 힘을 약하게 한 뒤 집집마다 전해 주어요.

깨끗한 에너지를 이용해요

땅속에 묻혀 있는 석유나 석탄은 양이 점점 줄어들고 있어요. 또, 석유나 석탄을 태울 때 나오는 나쁜 가스가 공기를 더럽히고 있지요. 그래서 자연에서 풍부히 얻을 수 있는 태양광, 태양열이나 땅의 열(지열), 바람, 파도 등을 이용하여 에너지를 만들어 내고 있어요.

뜨거운 태양의 빛을 모아 전기를 얻어요.

땅에서 나오는 뜨거운 열을 이용하여 에너지를 얻어요.

강한 바람의 힘으로 날개를 돌려 전기를 만들어요.

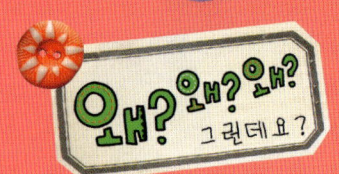
에너지에 대한 요런조런 호기심!

우리나라는 언제부터 전기를 사용했나요?

전기를 쓰기 전, 우리 조상들은 호롱불이나 촛불을 이용했어. 그래서 밤에는 책을 보기가 어려웠지. 밥을 해 먹을 때에는 아궁이에 나무를 넣고 불을 피웠어. 그러다가 미국의 에디슨이 백열전구를 발명한 지 8년 만인 1887년에 우리나라에도 처음으로 전기가 들어왔단다. 임금님이 사는 궁궐에 전등을 설치한 거야. 전등에 반짝 불이 들어올 때, 임금님과 신하들이 모두 깜짝 놀랐다는구나.

우리나라에는 고종 임금 때 처음으로 미국 회사가 궁궐에 전등을 설치했어요.

불이나 열에서 얻는 에너지도 있나요?

나무나 종이를 태우면 불이 타올라. 이 불을 이용해서 요리를 할 수도 있고, 따뜻하게 방을 덥힐 수도 있지. 가스레인지는 가스를 태워서 열을 내고, 전기밥솥은 전기를 열로 바꾸어 쌀을 끓게 해. 이런 모든 에너지를 '열에너지'라고 한단다.

나무를 때서 주위를 밝히거나 따뜻하게 할 수 있어요.

가스에 불을 붙이면, 그 열로 음식을 데울 수 있어요.

풍선으로 머리카락을 문지르면 왜 머리카락이 달라붙어요?

머리카락에 빗이나 헝겊, 풍선을 비비면 머리카락이 달라붙어 올라오는 것을 볼 수 있어. 이것은 두 개의 물체가 서로 닿아 비벼질 때 전기를 띠기 때문이야. 이것을 '정전기'라고 해. 이때 물체가 끌어당기는 힘이 생기기 때문에 머리카락이 풍선에 달라붙는 거야. 특히 건조한 겨울에 잘 일어난단다.

머리카락과 풍선에 정전기가 생겨서 서로 끌어당기기 때문에 머리카락이 풍선에 붙어요.

석유나 석탄은 왜 땅속에서 나와요?

석유는 액체이고, 석탄은 단단한 덩어리야. 석유나 석탄은 땅속 깊은 곳에서 퍼 올리거나 파내야 해. 아주 먼 옛날에는 땅이나 바다가 흔들려서 많은 동물이나 식물이 땅속에 묻혔어. 그리고 오랜 시간 동안 그 위로 계속 흙이 쌓이고 열과 압력을 받으면서 자연적으로 석유나 석탄이 생기게 된 거란다.

땅속에 있는 석유를 퍼 올리기 위해 장비를 이용해서 땅에 깊숙이 구멍을 파요.

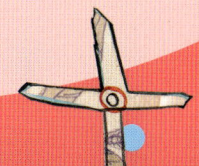

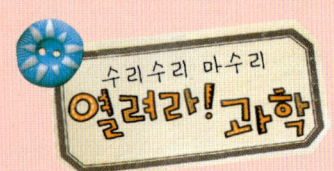

조심조심 전기 조심

전기가 통하는 숟가락이나 젓가락, 가위, 포크 같은 물건을 콘센트에 꽂으면 위험해요. 나무나 플라스틱, 고무는 전기가 통하지 않아요.

숟가락과 젓가락, 포크는 전기가 잘 통해요.

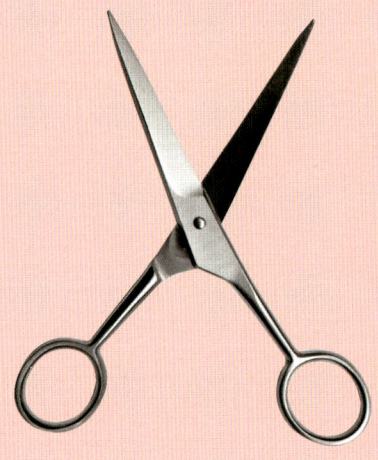

가위는 전기가 잘 통해요.

뾰족한 쇠붙이를 콘센트의 구멍에 넣으면 안 돼요.

콘센트를 쓰지 않을 때에는 덮개를 씌워 놓아요.

알사과 과학 놀이동산

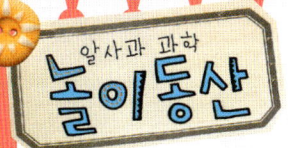

에너지가 필요해요

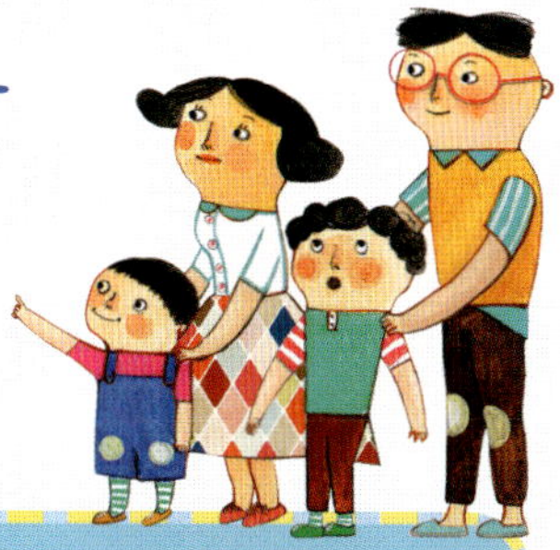

우리가 살고 있는 집에는 에너지가 필요한 곳이 많아요.
꼭대기 층까지 올라가면서 에너지가 필요한 곳을 찾아보세요.

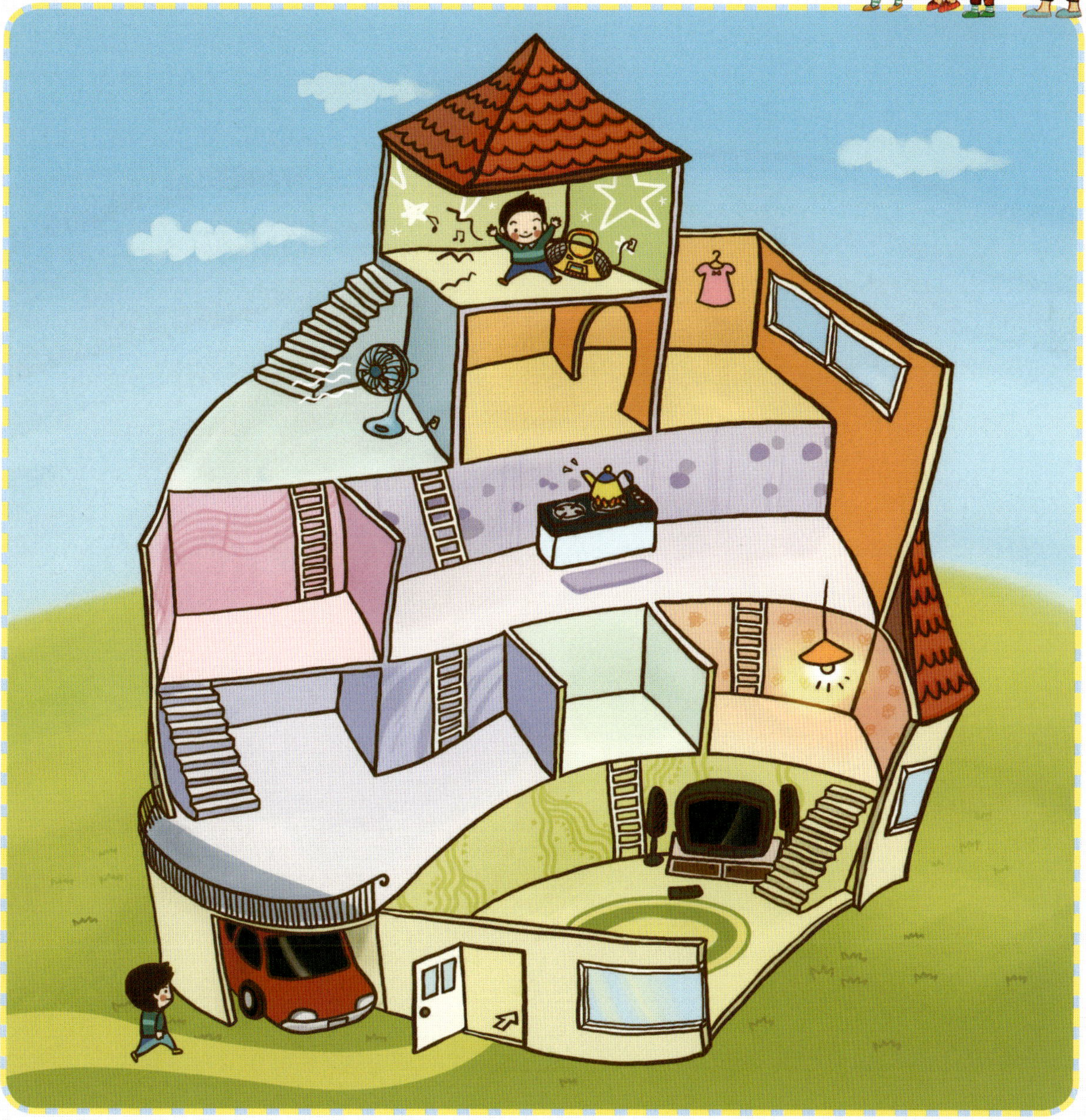

정답 자동차, 텔레비전, 전등, 가스레인지, 선풍기, 라디오 또는 시디(CD) 플레이어